I. Unschlagseite: Cosmas Damian und Egid Quirin Asam, Klosterkirche Weltenburg (um 1721)

Wer bayerisches Rokoko sagt, der sagt fast noch im gleichen Atemzug auch Asam. Er meint damit die beiden Künstlerbrüder Cosmas Damian, den Maler und Architekten, und Egid Quirin, den Bildhauer und Stukkateur, der sich wiederholt auch als Maler und als Architekt betätigt hat. Gegenüber diesem Doppelgestirn am bayerischen Barockhimmel haben es alle anderen Künstler schwer, sich im Gedächtnis der Nachwelt zu behaupten. Und das bedeutet sehr viel, denn diese Künstler waren gerade im Bayern des 18. Jahrhunderts so zahlreich und nach der Qualität ihrer Arbeiten so ausgezeichnet, daß man fast vom »Land des Rokoko« sprechen kann. Genaugenommen gehört freilich die Kunst der Asambrüder nur zum Teil dem eigentlichen Rokoko an, einer Bezeichnung für die letzte Phase des Spätbarocks, die von der erst gegen 1735 aufkommenden Rocaille-Schmuckform der Stukkaturen abgeleitet wurde. Die Asams haben auch vom römischen Spätbarock weit mehr gelernt als vom französischen, der erst nach ihren Anfangsjahren bei uns größeren Einfluß gewann. Aber alle diese ausländischen Vorbilder haben hierzulande stets nur anregend und nicht allein maßgebend gewirkt. Und daran hatten die Asams einen besonderen Anteil, da sie mit ihrer Kunst der Ausbildung einer eigenständigen süddeutschen Variante des europäischen Rokokos den Weg bereiteten und diese in mancher Hinsicht schon unübertreffbar vollendeten. Vor allem aber haben sie durch ihr geniales Zusammenwirken das Idealbild des barocken Gesamtkunstwerks geschaffen. Über diesem Endergebnis wird oft vergessen, daß sie das alles nicht allein aus sich selbst geschöpft haben, sondern daß sie bereits auf die Vorarbeit ihres Vaters Georg Asam aufbauen konnten, dessen bahnbrechende Leistung bis vor kurzem viel zu wenig gewürdigt wurde. Die Kirche der ehemaligen Benediktinerabtei Benediktbeuern ist durch ihn zur Geburtsstätte der bayerischen Freskomalerei des Barock geworden und gleichzeitig eine Lehrschau für die ersten Schritte auf diesem Weg. Geor[g Asam] hat dort gegen Ende des 17. Jahrhunderts als erst[er ...] Schritt zur perspektivischen I[llu]sionseffekten nach den Gese[tzen ...]

Georg Asam, das zweitjüngste von den acht Kindern des Klosterbraumeisters Christoph Asam und seiner Frau Katharina, wurde am 12. Oktober 1649 in Rott am Inn getauft. Über seine Kindheit und Jugendzeit wissen wir nichts. Er selbst nannte sich 1680 in einem Gesuch an den Münchner Stadtrat um Aufnahme als Bürger »ain Malergesöll«, muß also die damals übliche Lehrzeit von sechs Jahren samt den anschließenden Wanderjahren absolviert haben. Bei welchem Meister er gelernt hat, ist unbekannt. Zum Münchner Hofmaler Nikolaus Prugger kam er erst 1679, als er bereits 30 Jahre alt war. Daß er vorher sich auch in Italien umgesehen hat, wie die Überlieferung berichtet, ist anzunehmen, aber nicht nachweisbar. Nikolaus Prugger machte sich vor allem als Porträtmaler einen Namen, und bei ihm dürfte sich Georg Asam ab 1679 in seiner eineinhalbjährigen Gesellenzeit auf diesem Gebiet den »letzten Schliff« geholt haben. Er gewann das Vertrauen seines Meisters in einem solchen Maße, daß ihm dieser seine Tochter Maria Theresia zur Frau gab. Die Trauung fand am 16. November 1680 in der Münchner Liebfrauenkirche statt. Da die von Georg Asam etwa gleichzeitig beantragte Aufnahme als Münchner Bürger und Meister der Malerzunft auf Widerstand stieß, nahm er das Angebot des Benediktinerklosters Benediktbeuern an, dorthin überzusiedeln und Porträts aller bisherigen Äbte, dazu noch eine Reihe von Historienbildern, zu malen. In Benediktbeuern hatte man erst kurz vorher mit dem Bau der neuen Abteikirche begonnen. Asam erfüllte seine Aufgabe derart meisterlich, daß ihm 1683 die Ausmalung der neuen Kirche übertragen wurde, obwohl er bis dahin nur als Ölbildmaler tätig gewesen war. Die Deckenbilder im Kirchenschiff führte Asam — bis auf die Darstellung der Christgeburt über dem Hochaltar — noch in Temperamalerei aus und wagte dann erst 1685 den Schritt zur Freskomalerei direkt auf den noch feuchten Verputz, eine Technik, in der er sich dann anschließend bei den kleineren Bildern an den Gewölben der Seitenkapellen rasch zur vollen Meisterschaft weiterentwickelte. Begonnen hatte er seine Arbeit 1683 mit einer schwungvoll »ausbalanzierten« Darstellung des Jüngsten Gerichts über der Orgelempore.

Georg Asam, »Jüngstes Gericht« im Deckenfresko der Klosterkirche Benediktbeuern (1683)

LI VI-
BER TÆ

יהוה

Georg Asam hat sich bei diesem Auftrag, der Szenen aus dem Leben Jesu vorschrieb, sehr rasch in eine ihm noch ungewohnte Maltechnik eingeübt. Der Wechsel von der Secco- zur Freskomalerei brachte dann den folgerichtigen Abschluß einer geradezu stürmisch verlaufenen künstlerischen Entwicklung. Georg Asam blieb bis 1688 in Benediktbeuern. Seine Frau Maria Theresia, die bei ihrem Vater Nikolaus Prugger die Anfangsgründe der Malerei erlernt hatte, war ihm bei seinen Arbeiten wiederholt behilflich. So konnte vor einigen Jahren bei der umfassenden Restaurierung der Abteikirche von Benediktbeuern festgestellt werden, daß sie die Figuren der Kanzel gefaßt und bei den Schriftkartuschen an den Wänden und am Hochaltar mitgewirkt hat. – Asam gewann durch seine Deckenbilder in Benediktbeuern einen so guten Ruf als Kirchenmaler, daß er 1688 von den Benediktinern in Tegernsee mit der Ausmalung der kurz zuvor von Antonio Riva barock umgebauten Abteikirche beauftragt wurde. Noch im selben Jahr begann er mit einem umfangreichen Freskenprogramm, welches das in Benediktbeuern noch weit übertraf. In der Vorhalle malte er an die niedere Decke Szenen aus der Märtyrerlegende des Kirchenpatrons St. Quirin. Im Hauptschiff und in den beiden Seitenschiffen war dann wieder das Leben Jesu sein Hauptthema. Während er sonst für seine Bilder sich mit verhältnismäßig kleinen Malfeldern zwischen den Stuckrahmungen begnügen mußte, erhielt Asam bei der Freskierung der Flachkuppel über der Vierung in Tegernsee erstmals die Möglichkeit zu einer großflächigen Darstellung. Er wählte als Thema die Anbetung der Heiligen Dreifaltigkeit durch die Engel und Heiligen und erzielte durch die im Größenmaßstab rasch abnehmenden Figurenkreise eine für diese Anfangszeit der Freskomalerei in Bayern erstaunliche Höhenwirkung. Leider bekam Asam später keinen Auftrag mit ähnlich guten Entfaltungsmöglichkeiten mehr. Auch als Altarbildmaler betätigte er sich in Tegernsee, und ebenso schuf er für die Pfarrkirchen in Gmund und Egern mehrere Altarblätter. Dann waren für ihn im Tegernseer Tal die Arbeitsmöglichkeiten erschöpft, und Georg Asam sah sich nach einem anderen Wirkungsbereich um.

Georg Asam, Fresken in der Abteikirche Tegernsee (1688/94)

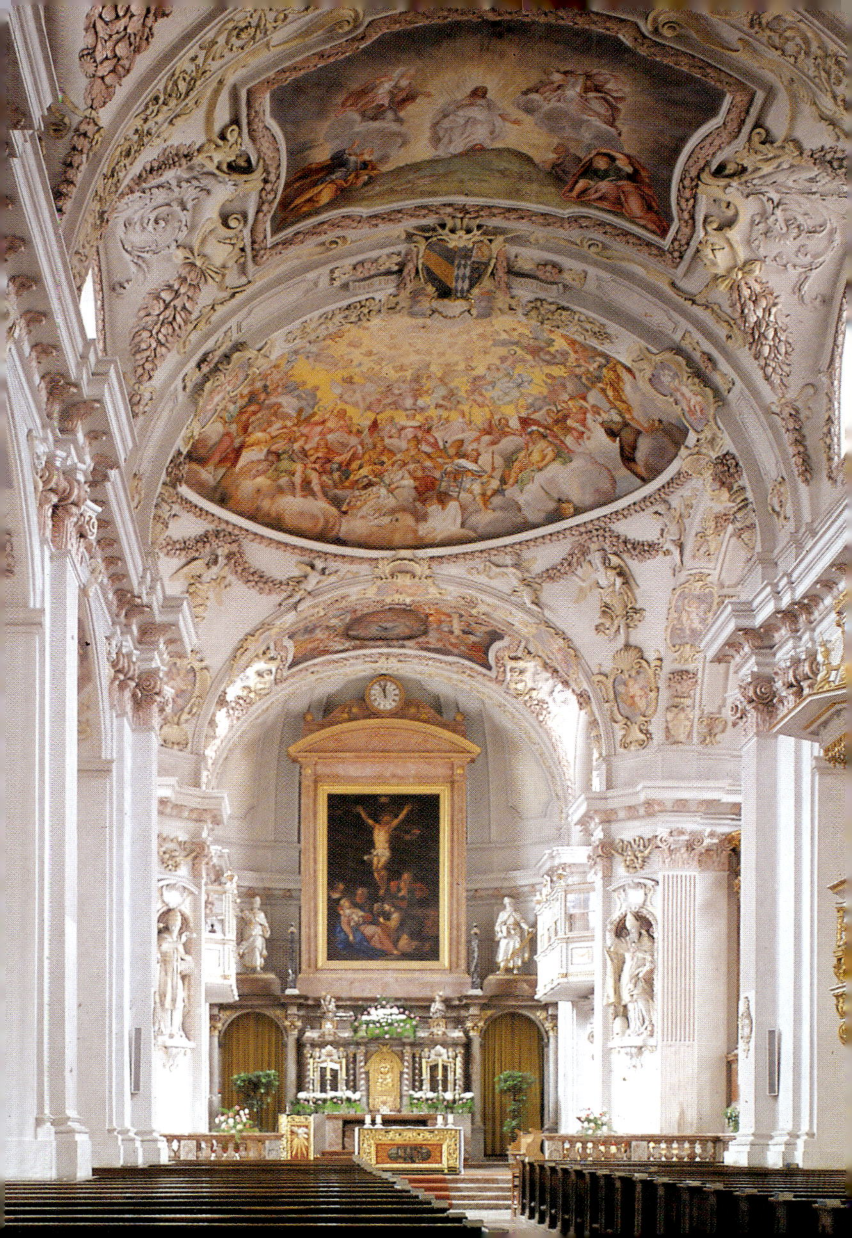

Als sich im Jahre 1695 ein Ende der Arbeiten in Tegernsee abzeichnete, übersiedelte die Familie Asam nach München. Doch dieser Aufenthalt war nur von kurzer Dauer, da im Zisterzienserkloster Fürstenfeld (Fürstenfeldbruck) ein großer Auftrag winkte. Dort waren die neu errichteten Klostergebäude soeben im Rohbau fertig geworden und der Kirchenneubau schon geplant. Georg Asam kam deshalb 1696 mit seiner Familie nach Fürstenfeld und blieb dort insgesamt sechs Jahre lang wohnhaft. Von den Freskomalereien, die er für die Gast- und Repräsentationsräume schuf, ist nur noch ein Teil erhalten. Der »ganz große« Auftrag blieb damals aus, weil sich der Neubau der Abteikirche immer mehr hinauszögerte. Asam überbrückte die Wartezeit zuerst mit kleineren Arbeiten, vor allem mit Ölgemälden für Fürstenfeld und mit Anschlußarbeiten für das Kloster Tegernsee. Dann malte er 1699 die Deckenbilder in der Landshuter Klosterkirche Heilig Kreuz und übernahm schließlich 1700 die Freskierung des Schlosses Helfenberg bei Velburg in der Oberpfalz, das sich Graf Ferdinand Lorenz von Tilly neu erbaut hatte. Was Asam im einzelnen für dieses im 19. Jahrhundert abgebrochene Schloß malte, ist unbekannt. Vielleicht dürfen wir uns diesen Bildschmuck so ähnlich vorstellen, wie die erhalten gebliebene Ausmalung des Schlosses Schönach bei Straubing, die Georg Asam in den Jahren 1703–1705 für den Grafen Johann Georg von Königsfeld durchgeführt hat. Bereits im Jahre 1702 war die Familie Asam von Fürstenfeld nach Velburg umgezogen; weitere Wohnorte waren anschließend Amberg, Breitenbrunn und Sulzbach. Für Kirchen der westlichen Oberpfalz schuf Asam eine ganze Reihe von Altarbildern. Dazu kamen 1704 die – nicht erhaltenen – Deckenbilder für die Pfarrkirche St. Jakob in Cham, 1707 die Freskierung der Wallfahrtskirche Frauenbrünndl bei Straubing und 1708 die Ausmalung der Wallfahrtskirche in Freystadt. Der letzte große Auftrag führte Georg Asam nach Freising, wo er 1709 in der Aula des fürstbischöflichen Lyzeums das Deckenbild gemalt und 1710 die Maximilianskapelle auf dem Domberg freskiert hat. Bald darauf starb Georg Asam am 7. März 1711 in Sulzbach bei Amberg, mitten in der Arbeit an einem Altarbild.

Georg Asam, »Verherrlichung der Wissenschaften und Künste« in Deckengemälde des ehemaligen Lyzeums in Freising (1709)

MDCCLIX

Cosmas Damian Asam wurde am 27. September 1686 in Benediktbeuern geboren, als sein Vater gerade die Deckenfresken in den Seitenkapellen der dortigen Abteikirche fertigstellte. Seine Kinderjahre verbrachte er in Tegernsee, in München und in Fürstenfeldbruck. Die Lehrzeit als Maler absolvierte er in der Werkstatt des Vaters und half anschließend bei dessen Aufträgen in der Oberpfalz mit. Erst nach dem Tod von Georg Asam bot sich dem Sohn 1712 durch das Mäzenatentum des Abtes Quirin Millon von Tegernsee die Möglichkeit, während eines fast zweijährigen Aufenthalts in Rom die neuen künstlerischen Strömungen kennenzulernen und sich in allen damals üblichen Maltechniken zu vervollkommnen. Wir wissen, daß in Rom – wenigstens zeitweise – der Maler Benedetto Luti sein Lehrer war und daß er an der berühmten Accademia di San Luca studierte, die ihm am 23. Mai 1713 für eines seiner Bilder den ersten Preis verlieh. Gegen Jahresende kehrte der junge Künstler nach Bayern zurück und erhielt mit den Deckenfresken der Klosterkirche von Ensdorf bei Amberg seinen ersten großen Auftrag. Am 8. Februar 1717 heiratete er in München die Tochter Maria Anna des Hofratskanzlisten Franz Anton Mörl, die jedoch bereits 1731 starb. 1732 heiratete Cosmas Damian nochmals, und zwar die Münchner Kaufmannstochter Maria Ursula Ettenhofer, die ihn nur wenige Monate überlebte. – Cosmas Damian Asam war einer der wenigen bayerischen Künstler des 18. Jahrhunderts, die über ihr Heimatland hinausgewirkt haben. Größere Aufträge führten ihn nach Innsbruck und nach Weingarten in Oberschwaben, nach Mannheim, Bruchsal, Ettlingen und Meßkirch, in die Schweiz nach Maria Einsiedeln, ja bis nach Wahlstatt in Schlesien. Zwischen 1726 und 1728 war er wiederholt in Böhmen tätig, so 1726 in Kladrau, 1727/28 in Brevnov und 1728 in der Wallfahrtskirche auf dem Weißen Berg bei Prag. Dazu kamen in Bayern Dutzende von größeren und kaum mehr zählbare kleinere Aufträge: Ein fast titanisches Werk, das seine Gesundheit so rasch auslaugte, daß Cosmas Damian Asam bereits mit knapp 53 Jahren am 10. Mai 1739 in München starb, wo er im Friedhof an der Liebfrauenkirche begraben wurde.

Cosmas Damian Selbstbildnis als »Zöllner in der Klosterkirche Osterhofen (um 1731)

Cosmas
Damian
Asam

Egid Quirin Asam, der jüngere der beiden Künstlerbrüder, kam am 1. September 1692 in Tegernsee zur Welt. Wie sein Bruder Cosmas Damian lernte er zuerst in der Malerwerkstätte des Vaters. Er wirkte zwar später hauptsächlich als Bildhauer, Altarbauer und Stukkateur, malte jedoch auch wiederholt Ölgemälde und setzte nach dem Tod des Bruders dessen Freskantenarbeit fort. Schon 1708, also mit 16 Jahren, half er dem Vater bei der Ausmalung der Wallfahrtskirche Freystadt, wie sich aus dem erhalten gebliebenen Arbeitskontrakt ergibt. Wann sich Egid Quirin entschloß, nicht Maler, sondern Stuckbildhauer zu werden, wissen wir nicht. Es mag sich schon um Jugendträume der beiden Asambrüder von einer künftigen Zusammenarbeit und Arbeitsteilung gehandelt haben. Aber akut wurde diese Frage erst nach dem Tod des Vaters im Jahre 1711. Statt ohne Verzug zusammen mit der Mutter den Familienbetrieb fortzusetzen, begann der damals 19jährige Egid Quirin noch 1711 eine Lehre beim Münchner Bildhauer Andreas Faistenberger, während der sechs Jahre ältere Cosmas Damian ein Jahr darauf nach Rom reiste, um sich dort weiterzubilden. Ob auch Egid Quirin den römischen Barock an Ort und Stelle studiert hat, ist nicht sicher nachzuweisen. Er wurde erst 1716 von seinem Meister zunftgerecht freigesprochen und begann bereits ein Jahr darauf mit dem Bau der von ihm entworfenen Stiftskirche in Rohr. Auch wenn ihm sein Bruder viel an »römischem Wissen« vermittelt haben dürfte, so ist dennoch das Lebenswerk des Egid Quirin Asam ohne einen Romaufenthalt und ohne die genaue Kenntnis vor allem des Schaffens von Giovanni Lorenzo Bernini fast nicht denkbar. Die beiden Brüder haben zwar ab 1717 nicht immer gemeinsam gearbeitet, doch viele ihrer Hauptwerke – beispielsweise in Weltenburg, Aldersbach, Innsbruck, Freising, Regensburg, Osterhofen und München – entstammen einem kongenialen Zusammenwirken im gemeinsamen »Familienunternehmen«. Egid Quirin Asam blieb unverheiratet und setzte schließlich als seinen Erben die von ihm erbaute Johann-Nepomuk-Kirche an der Münchner Sendlinger Straße ein. Er starb am 29. April 1750 in Mannheim während der Arbeit an den Fresken der dortigen Jesuitenkirche.

Egid Quirin, Porträt in der St.-Nepomuk-Kirche in München (um 1739)

EGO SUM PANIS VIVUS

Dort, wo 1711 dem Vater Georg Asam der Tod den Pinsel aus der Hand genommen hatte – in der Oberpfalz –, setzte 1714, wenige Monate nach seiner Rückkehr aus Rom, der Sohn Cosmas Damian das Asamsche Familienwerk fort. Sein erster großer Auftrag waren die Deckenfresken in der Kirche der Benediktinerabtei Ensdorf bei Amberg. Hier war 1695 Pater Bonaventura Oberhuber aus dem Kloster Tegernsee Abt geworden. Unter ihm entstand – nach Plänen von Wolfgang Dientzenhofer – der Neubau der Klosterkirche, der bereits sehr weit gediehen war, als der 26jährige Maler 1712 nach Rom reiste. Vielleicht war Cosmas Damian vom Tegernseer Abt Millon deshalb nach Rom geschickt worden, um für die Ensdorfer Fresken den »allerneuesten« Stil mitzubringen? Nach der Rückkehr begann er die Arbeit in Ensdorf 1714 mit der Ausmalung der Vierungskuppel, 1716 stellte er die Fresken des Langhauses fertig. Dazwischen hatte er 1715 in München einen anderen Auftrag auszuführen, der mit jenem von Ensdorf in einem engen thematischen Zusammenhang stand: Er mußte in die flache Vierungskuppel der Ensdorfer Abteikirche eine Vision der Heiligen Dreifaltigkeit, umgeben von Engeln und Heiligen, malen. Und das gleiche Thema war ihm für die Kuppel der Münchner Dreifaltigkeitskirche gestellt. Diese Kirche verdankt ihr Entstehen einem Gelübde, das auf Betreiben der Mystikerin Anna Maria Lindtmayr die Münchner Bürgerschaft während des Spanischen Erbfolgekrieges abgelegt hatte. Mit der Ausführung des von Giovanni Antonio Viscardi entworfenen Bauwerks war man wegen Meinungsverschiedenheiten über den Standort der Kirche in Verzug geraten. In wenigen Monaten malte Asam das große Fresko, für das ihm jenes in Ensdorf eine wertvolle Vorarbeit war. Es ist beachtlich, wie er innerhalb so kurzer Zeit für das gleiche Thema zwei so unterschiedliche Lösungen gefunden hat. Allerdings waren auch die kompositorischen Voraussetzungen ganz verschieden, denn im Gegensatz zur Flachkuppel von Ensdorf hatte Asam in München eine hohe Kuppel mit vier Fenstern auszuschmücken. Dementsprechend entwickelt sich das Bild kreuzförmig mit vier Hauptszenen zum Mittelpunkt, zur Heiligen Dreifaltigkeit.

Cosmas Damian »Verehrung der Heiligen Dreifaltigkeit« im Kuppelfresk der Dreifaltigkeitskirche in München (1715)

INRI

TRINUM TENET UNA THESAURUM

Viel mehr als erste Talentproben scheinen die Fresken in Ensdorf und München dem ungestümen Künstlertemperament des Cosmas Damian Asam nicht bedeutet zu haben. Er fügte ihnen auch gleich noch einige weitere hinzu, so 1715 das Hochaltarbild für die Abteikirche Metten, 1717 eine ganze Reihe kleinerer Gewölbefresken — vor allem mit Darstellungen aus der Wallfahrtsgeschichte — für die Wallfahrtskirche Maria Hilf bei Amberg und noch im selben Jahr das Hochaltarbild und Deckengemälde mit Szenen aus dem Leben Jesu für die Klosterkirche in Michelfeld in der Oberpfalz. Aber schon vorher müssen in den beiden Asambrüdern ganz andere, weit großartigere Pläne herangereift sein, mit deren Ausführung man nur wartete, bis Egid Quirin seine Bildhauerlehre abgeschlossen hatte und sich die Gelegenheit zur freien Entfaltung bot. Bereits 1716 war es soweit, als der neue Abt des Donauklosters Weltenburg, Maurus Bächl, sich entschloß, »was rechtes zu bauen«, wie es der Prediger anläßlich der Kirchenweihe formulierte. Abt Maurus muß schon in Ensdorf mit Cosmas Damian und seinen künstlerischen Vorstellungen bekannt geworden sein. Denn sonst hätte er es kaum gewagt, einem jungen, fast noch unbekannten Maler gleichzeitig den Auftrag für den Bauplan und für die Innenausstattung zu erteilen. Cosmas Damian dürfte dafür bereits aus Rom Ideenskizzen mitgebracht haben, denn alles ging sehr schnell, und schon am 29. Juni 1716 wurde der Grundstein für diese neue Kirche gelegt. Was dem Künstler vorschwebte, das war ein Kabinettstück des römischen Spätbarocks eines Lorenzo Bernini, aber nicht gesehen mit den materialverhafteten Augen eines Baumeisters, sondern mit den schier ins Grenzenlose schweifenden eines phantasiebegabten Malers. Die »Mauerschale« der Weltenburger Kirche ist schlicht und wenig gegliedert. Der Grundriß ist nach außen hin ebenfalls konventionell: ein Rechteck mit vorspringendem halbrunden Chor. Im Inneren dagegen wurde alles Eckige vermieden. Dem Oval der Vorhalle schließt sich das größere, durch die Nischen der Seitenaltäre unterbrochene Oval des Hauptraumes an. Vom Grundriß her ist die Kirche eine Nachahmung römischer Vorbilder.

Egid Quirin, »Tod des hl. Benedikt« im Kuppelschalenrelief der Klosterkirche Weltenburg (um 1721)

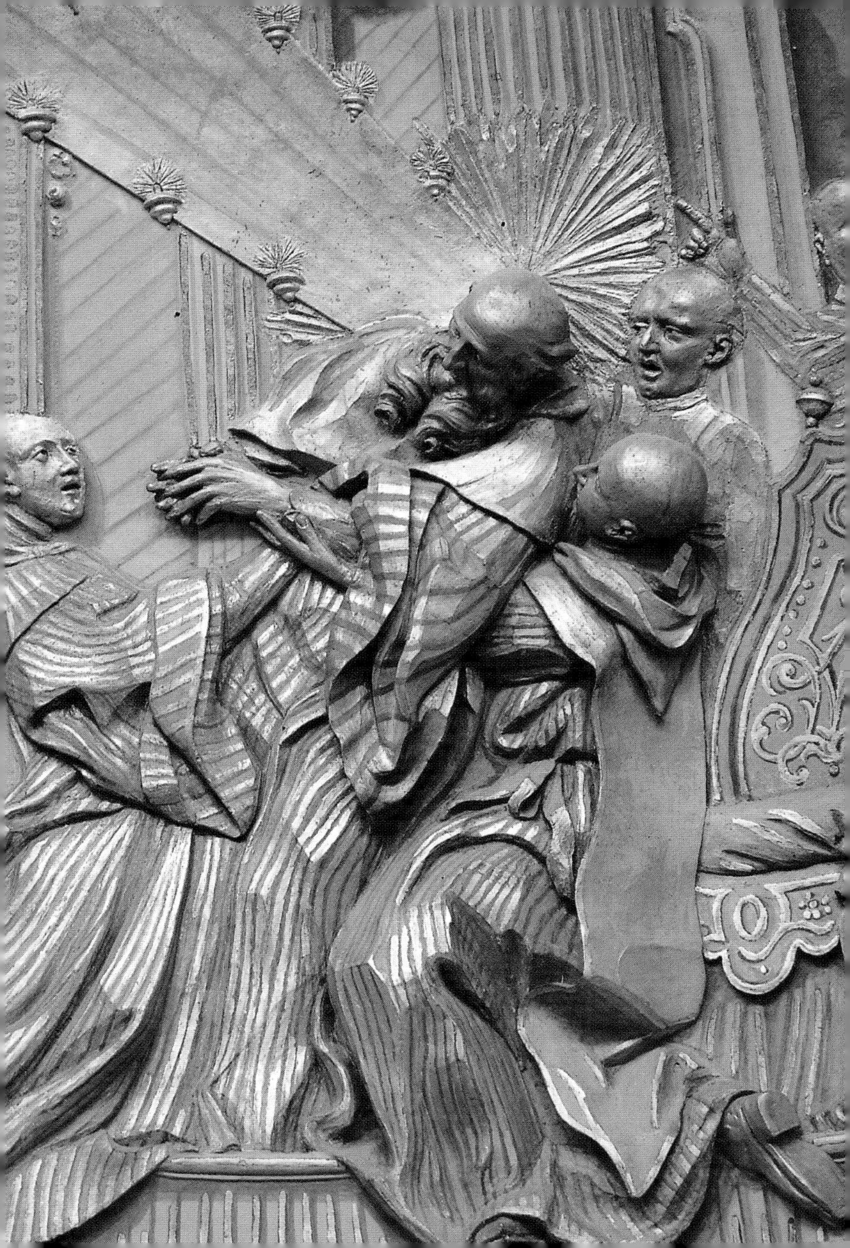

Auch die feierlich-prunkvollen, massiven Marmorsäulen an den Wänden, mit dem hohen Gesims und dem Beginn der Gewölbeumrundung darüber, sind noch nichts Neues. Was die Einmaligkeit von Weltenburg ausmacht, ist vielmehr die Tatsache, daß diese Kernarchitektur nur den Rahmen für ein Schauspiel sondergleichen abgibt. Die Gewölbeschale mit den dick vergoldeten Stuckreliefs des Egid Quirin Asam ist nämlich oben nicht geschlossen, sondern im Oval gegen die erst weiter oben folgende flache Decke hin geöffnet. Eine Stuckbalustrade und ein von Putten gehaltener, sonst freischwebender vergoldeter Reif betonen noch diese Öffnung. Vom irdischen Thronsaal Gottes schweift der Blick nach oben in den gemalten himmlischen Thronsaal: Cosmas Damian hat auf seinem großen Deckenfresko die triumphierende Kirche samt der Heiligen Dreifaltigkeit in eine gemalte, von Wolken durchzogene Scheinarchitektur hineinkomponiert. Die Weltenburger Kirche erhält durch den Hochaltar einen theatralischen Akzent: Der Altaraufbau ist in der Mitte bogenförmig weit geöffnet, und aus dieser Öffnung reitet die Figur des heiligen Georg in blitzender Rüstung gleichsam in die Benediktinerkirche hinein. Und während die legendäre Prinzessin an seiner linken Seite furchtsam zurückweicht, ersticht Sankt Georg mit der Lanze den greulich züngelnden Drachen zu seiner Rechten. Durch eine geschickte Lichtführung – Fenster gibt es nur hinter dem Hochaltar, hinter der Orgel und verborgen hinter der Kuppelschale – wird alle Helligkeit auf die Hochaltargruppe und auf das Deckenfresko konzentriert. Das »Wunder von Weltenburg«, wie die Kirche mit Recht genannt wird, entstand nicht in wenigen Jahren, wie vielleicht das Datum der Kirchenweihe vom 9. Oktober 1718 vermuten ließe. Das Deckengemälde ist mit der Jahreszahl 1721 signiert, im selben Jahr stellte Egid Quirin seinen Hochaltar auf. Ein großer Teil der Innenausstattung entstand erst in den Jahren danach bis 1735, die der Vorhalle erst zwischen 1745 und 1751. Trotzdem ist die Weltenburger Kirche wie aus einem Guß, ja noch mehr: ein Gesamtkunstwerk, das die Möglichkeiten barocker Übersteigerung bis ins letzte einfallsreich und unübertrefflich ausnutzt.

Egid Quirin, St. Georg im Hochaltar der Klosterkirche Weltenburg (um 1721)

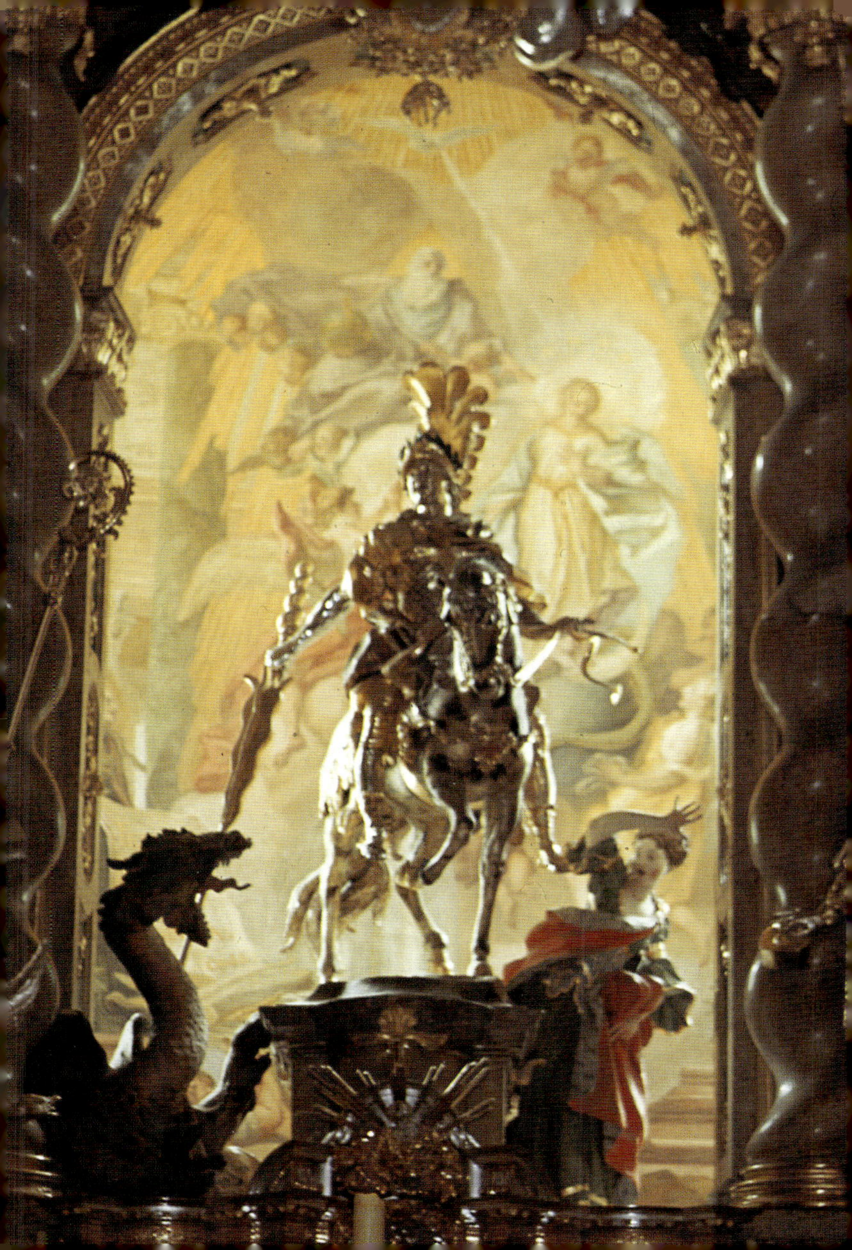

Ein Jahr nach der Grundsteinlegung in Weltenburg erhielt auch der damals erst 25jährige Egid Quirin Asam die Chance, eine Kirche nach seinen Vorstellungen zu gestalten. Es war die Augustinerchorherren-Kirche in Rohr, mit deren Bau 1717 nach dem Abbruch der alten romanischen Basilika begonnen wurde. So völlig selbständig konnte der jüngere Asam-Bruder allerdings dort nicht schaffen. Man hatte ihm als Baumeister den erfahrenen, aber nicht überragenden Joseph Bader zur Seite gestellt. Die Architektur als Ganzes ist deshalb auch ziemlich konventionell. Allerdings scheint Egid Quirin von Anfang an und wiederholt in Baders Konzept eingegriffen zu haben, soweit es seine Ideen zur Raumausstattung und vor allem für die grandiose Gestaltung des Hochaltars erforderten. Gewiß finden sich auch am reichen Stuckdekor der Kirche (vollendet 1721), an den Seitenaltären und auf der Orgelempore viele beachtenswerte Schöpfungen, doch beherrscht wird das alles vom Altarraum im Chor. Er ist eine barocke Bühne der Andacht, ein frommes religiöses Schauspiel, das die Menschen gleichsam mit der zum Himmel aufsteigenden Gottesmutter aus dem Alltag zu Gott erheben soll. Die Umrahmung dieses »theatrum sacrum« ist eher feierlich-streng und erdenschwer: Hinter der einfachen Altarmensa mit dem Tabernakel, die frei im Raum steht, zieht sich im Halbrund das dunkle Chorgestühl. Erst dahinter strebt im Chorhaupt auf einem erhöhten Podest das dunkle Säulenviereck des 1722 vollendeten Altares zum Gewölbe hinauf. So wird der Blick ganz auf das hingelenkt, was zwischen diesen Säulen geschieht. Und umgekehrt würde sich die Figurengruppe ohne diese feste Begrenzung im Raum verlieren. Asam hat jenen Augenblick mit überlebensgroßen weißen Stuckfiguren dargestellt, als die Apostel in das offene Grab Mariens schauen, dort ihren Leichnam nicht mehr finden und sie im erstaunten Aufblicken zum Himmel schweben sehen. Es ist eine Szenerie voll Bewegung und Dramatik! Unten die teils ratlosen, teils verzückten Apostel, darüber frei im Raum die von Engeln getragene graziöse Gestalt der Madonna. Ein blauer, reich drapierter Stuckvorhang mit dem bayerischen Wappen setzt dahinter an der Apsiswand den Schlußakzent.

Egid Quirin, »Mariä Himmelfahrt« im Hochaltar der Klosterkirche Rohr (1722)

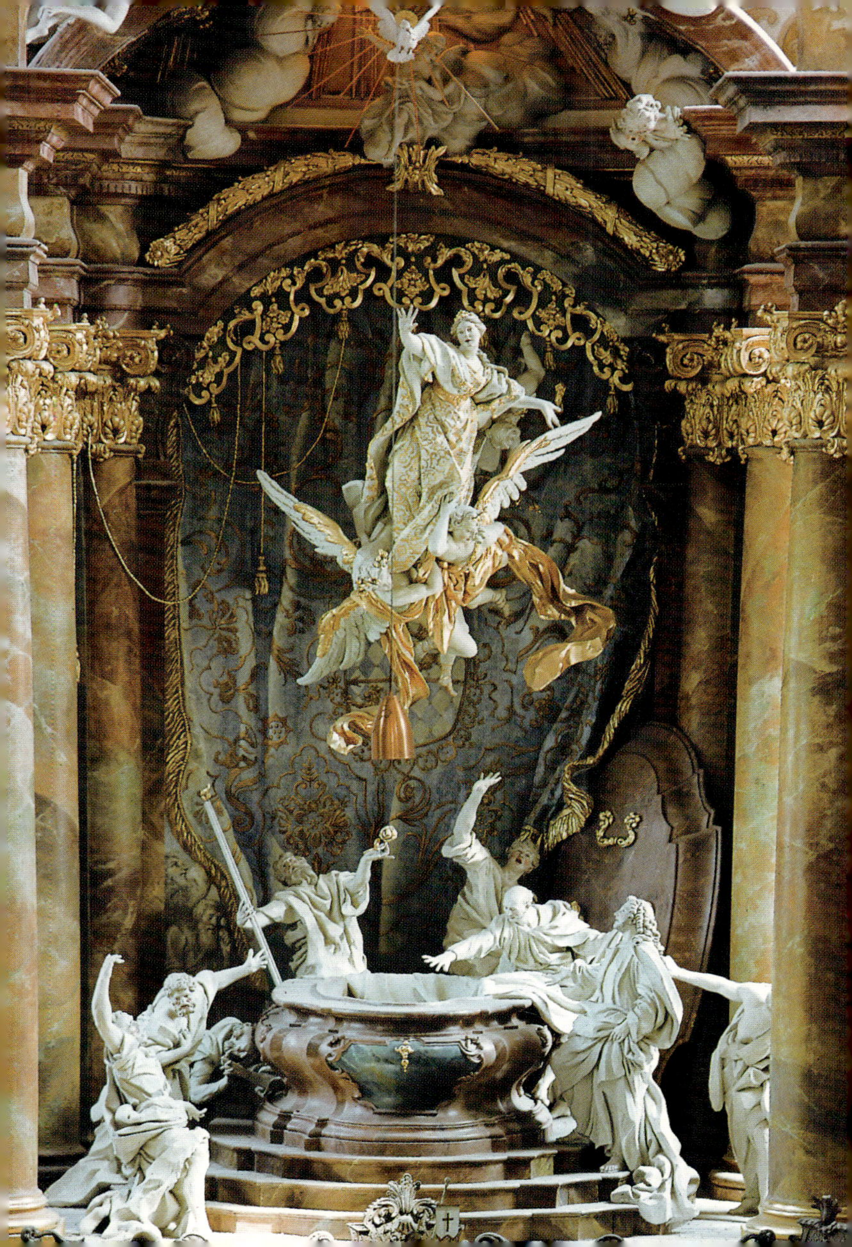

Die Arbeiten in Weltenburg und in Rohr zogen sich über viele Jahre hin, denn einerseits waren beide Klöster finanzschwach und mußten die Bauausgaben auf einen größeren Zeitraum verteilen, andererseits wurden die Brüder Asam schon damals mit Aufträgen überhäuft. Einer dieser Gründe – oder auch beide – dürfte daran schuld sein, daß die Kirche in Rohr keine Deckenfresken erhielt, obwohl die Stuckierung ganz offensichtlich daraufhin angelegt wurde. Cosmas Damian hatte damals jedes Jahr ein großes Freskenpensum zu erfüllen. So verschob er 1719 die Ausmalung der Weltenburger Kirche, um in der oberschwäbischen Wallfahrts- und Abteikirche Weingarten fünf große und zahlreiche kleine Deckenbilder zu malen, einer der größten Aufträge überhaupt, die er je ausgeführt hat. 1720 freskierte er die Klosterkirche im niederbayerischen Aldersbach und die nach der Säkularisation abgebrochene Kapelle auf dem Weihenstephaner Berg in Freising. Erst 1721 kehrte er auf das Malergerüst in Weltenburg zurück und schuf das große Deckenbild. Während der Wintermonate mußte jeweils die Fresko- und die Stukkateurarbeit ruhen. Dann kamen im Münchner Atelier der beiden Brüder die kleineren Aufträge an die Reihe: Altarbilder und Entwürfe für neue Fresken bei Cosmas Damian, Figuren und Altaraufbauten bei Egid Quirin. Nur so ist es erklärlich, daß Cosmas Damian Asam neben seinem so umfangreichen Freskowerk auch noch Dutzende von Altarbildern gemalt hat, beispielsweise für Aldersbach, Michelfeld, Oberaltaich, Osterhofen, Rohr, Straubing und Weltenburg sowie für mehrere Münchner Kirchen. Mit zu seinen frühesten Altarbildern gehören die beiden Ölgemälde für zwei Seitenaltäre der Kirche in Aldersbach aus der Zeit um 1720. Auf dem einen ist Johannes der Täufer als Prediger am Jordan dargestellt, auf dem anderen der Martertod der heiligen Ursula und ihrer Gefährtinnen. Diese beiden Bilder schmücken das erste Seitenaltar-Paar nach den Altären am Chorbogen. Sie entstanden gleichzeitig mit der Kirchenumgestaltung, während das Hochaltarbild von Matthias Kager (1619) noch von der alten Kirchenausstattung stammt. Die Gemälde der beiden Seitenaltäre am Chorbogen wurden 1728/29 von Bergmüller gemalt.

Cosmas Damian und Egid Quirin, Stuck, Fresken und Altarbilder in der Klosterkirche Aldersbach (um 1720–1721)

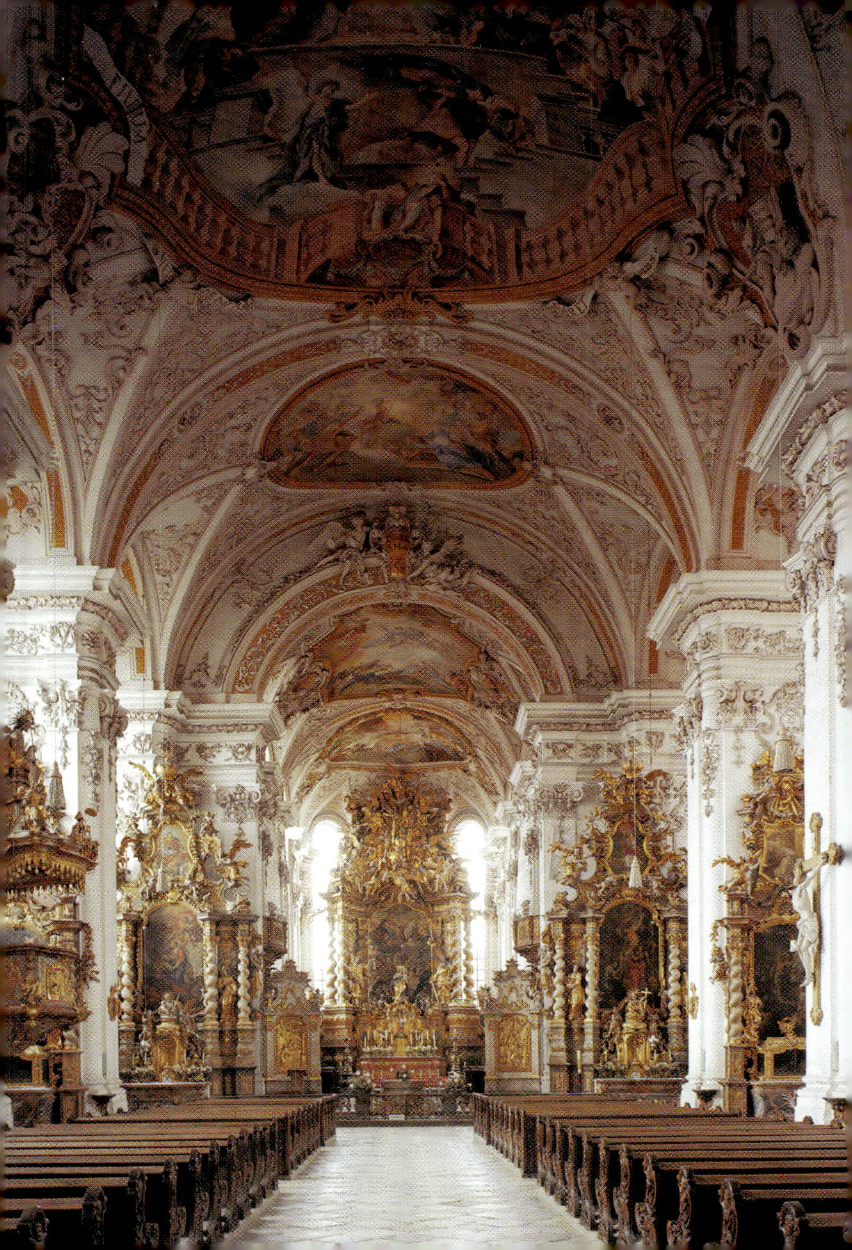

In der Zisterzienserkirche Aldersbach bei Vilshofen waren die beiden Asambrüder 1720 gemeinsam am Werk. Dort fügte der Architekt Domenico Magzin dem bereits 1617 erneuerten Chor hundert Jahre später statt des romanischen ein neues, barockes Langhaus an. Egid Quirin Asam wurde 1720 mit der Stuckierung der Kirche beauftragt. Im Gegensatz zur sehr reichen, fast überquellenden Ausstattung der vorderen Altäre durch den Passauer Bildhauer Joseph Matthias Götz zeigt der Stuck noble Zurückhaltung, ohne deshalb an Wirkung einzubüßen. Egid Quirin hat in Aldersbach eine der frühesten Innendekorationen des gerade beginnenden Rokoko geschaffen. Ihm ging es offensichtlich darum, das tektonische Gefüge des großen, aber ziemlich einfach gehaltenen Baues nicht zu verbergen, sondern in positiver Weise zu unterstreichen und künstlerisch zu überhöhen. Deutlich spürbar ist noch die Herkunft des Künstlers vom schweren Stuck der Barockzeit. Aber Egid Quirin überwand dennoch bereits die Gestaltungsprinzipien seiner Lehrmeister mit dem Versuch einer flacheren Ornamentbildung und mit dem Übergang von den bisherigen Blütenbüscheln, Blattballungen und Fruchtgehängen zu Rankenwerk und Bandmuster. Man kann dies besonders gut an der Brüstung der Orgelempore verfolgen. Dort ist der Stuck noch stark massiert und schwer, aber man erkennt das Bemühen, ihn aufzulockern. Und die beiden Engel, welche symbolisch die Brüstung stützen, spielen sich geradezu damit. Neu ist in Aldersbach auch die Gestaltung der Gewölbezone. Während bis dahin meistens die einzelnen Gewölbejoche mit stuckierten Gurtbögen besonders markiert wurden und so mehrere kleinere Malfelder entstanden, ließ Egid Quirin zwei der Gurtbögen im Langhaus weg und verschaffte damit seinem Bruder Cosmas Damian viel Platz für das Hauptfresko. Es zeigt die Vision des heiligen Bernhard, wie er die Hirten zum neugeborenen Erlöser im Stall von Bethlehem eilen sieht und darüber am Himmel die Aussendung des Erlösers durch Gottvater miterlebt. Auf den anderen Fresken sind über der Orgelempore Mariä Verkündigung, im Langhaus die Auferstehung des Herrn und im Chor die Himmelfahrt Christi und das Pfingstwunder dargestellt.

Egid Quirin, Orgelempore mit Stuckengel in der Klosterkirche Aldersbach (um 1720)

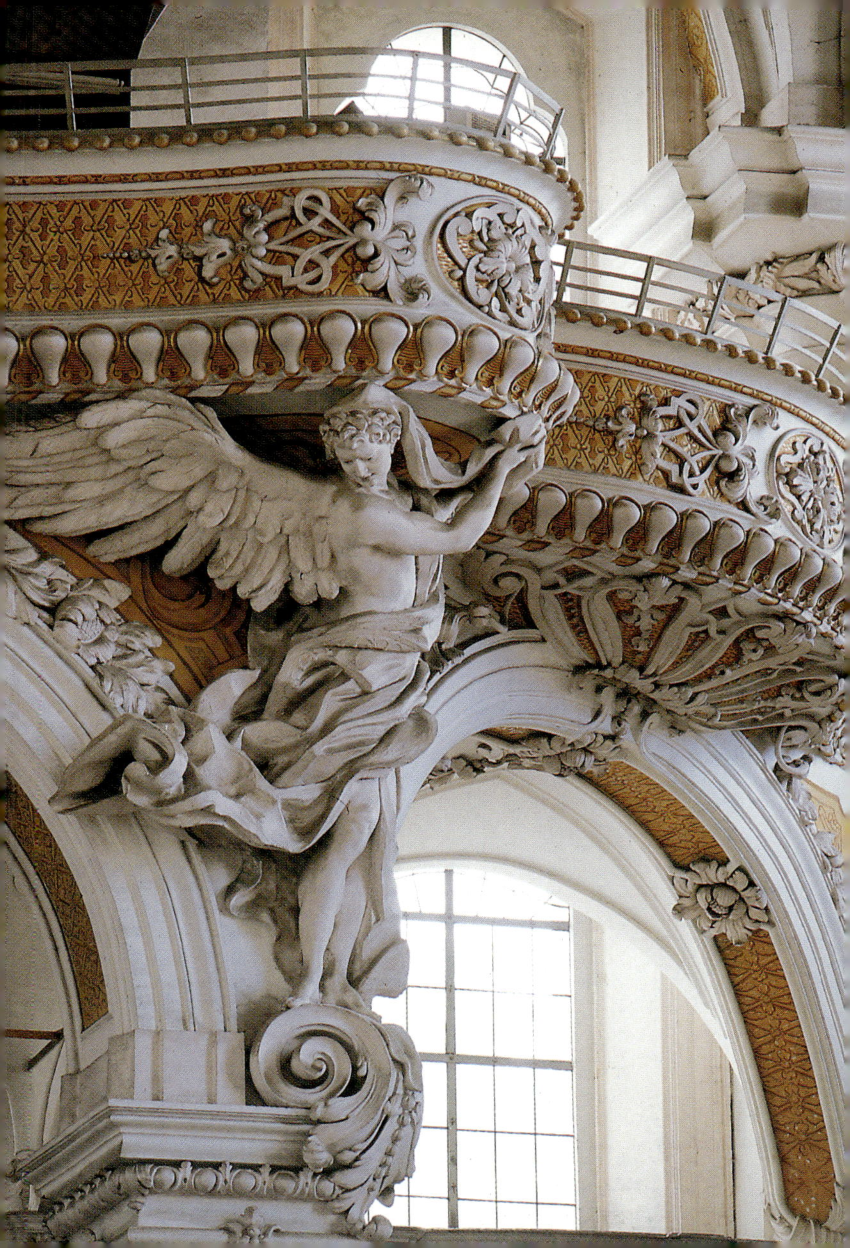

So zahlreich die Fresken des Cosmas Damian Asam auch sind, so vielfältig im Thema und so variabel in der Ausführung, es handelt sich doch fast immer um Bilder in Kirchen und um religiöse Darstellungen. Wie die Überlieferung und viele Dokumente bezeugen, waren die beiden Asam-Brüder tiefreligiöse Menschen, die das glaubten, was sie mit ihrer Kunst darstellten. Daneben waren sie auch Kinder der sinnenfrohen Barockzeit, die sich nicht scheuten, in ihre religiösen Bilder recht weltliche Details mit einzubeziehen. Aber rein profane Werke haben sie beide nur wenige geschaffen. Von Cosmas Damian sind drei größere Fresken bekannt, die sich mit Themen aus der antiken Mythologie befassen und die nicht für Kirchen, sondern für Schlösser geschaffen wurden. Eines davon wurde im letzten Krieg zerstört, nämlich die 1728/29 im Treppenhaus und im Rittersaal des Mannheimer Schlosses gemalten Deckenbilder, darstellend ein olympisches Gastmahl, das Urteil des Paris, Diana auf der Jagd und eine Verherrlichung des Apoll. Ein gutes Jahr später hat Cosmas Damian mitten im bayerischen Gäuboden nahe der Donau, im Schloß Alteglofsheim bei Regensburg, eines dieser Themen nochmals behandelt. Für den Grafen von Königsfeld malte er im Festsaal des Schlosses den Triumph Apolls an die Decke, jenen Augenblick, in dem Apoll als strahlender Gott mit seinem Sonnenwagen durch die Lüfte fährt und die düsteren Mächte der Nacht verscheucht. Am Rande dieses Bildes befindet sich eines seiner schönsten Selbstbildnisse, wie er — als Jäger gekleidet — prostend ein randvoll gefülltes Bierglas hebt. Die Darstellung antiker Göttersagen begann Cosmas Damian allerdings schon einige Jahre früher, nämlich bei der Freskierung des Treppenhauses im kurfürstlichen Schloß Schleißheim bei München. Asam wurde 1721 dorthin berufen, als das Schloß zur Hochzeit des Kurprinzen Karl Albrecht mit der Habsburgerin Amalia Maria im Stil der Zeit neu ausgestattet wurde. Das ovale Deckenbild schildert den Besuch der Liebesgöttin Venus bei Vulkan, dem Gott der Schmiede, der gerade die Waffen für den Trojanischen Krieg herstellt. Mancherlei mythologische und höfische Anspielungen beleben um die Hauptszene das Bild.

Cosmas Damia »Griechische Götterwelt« im Deckenfresko des Schlosses Alteglofsheim (1730)

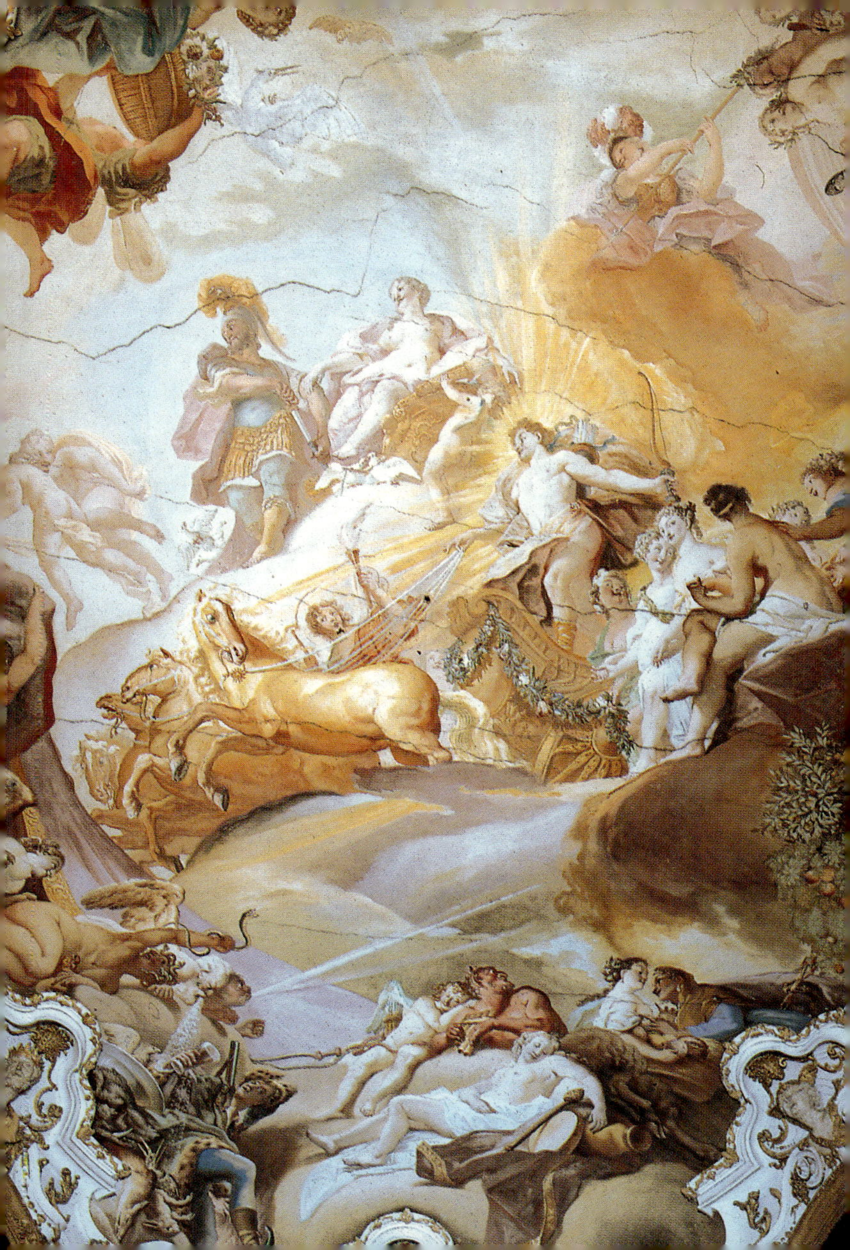

Zwischen zwei großen Aufgaben außerhalb Bayerns — Stuck und Fresken für die Stadtpfarrkirche St. Jakob in Innsbruck 1722/23 und fast die gesamte künstlerische Ausstattung des Langhauses der Wallfahrtskirche Maria Einsiedeln in der Schweiz 1724/26 — hatten die Brüder Asam eine fast noch größere, auf jeden Fall aber schwierigere in Freising zu bewältigen. Dort wollte man 1724 die Tausendjahrfeier des vom heiligen Korbinian gegründeten Bistums glanzvoll begehen. Und dazu gehörte auch eine im Stil der Zeit geschmückte Domkirche. Zuerst sollte dieses Ziel mit Hilfe von Wandbehängen erreicht werden, um einen Umbau der so traditionsreichen, in einigen Teilen noch auf das 8. Jahrhundert, im gesamten Erscheinungsbild aber auf das 12. Jahrhundert zurückgehenden fünfschiffigen Basilika zu vermeiden. Nach langem Zögern entschied sich dann Fürstbischof Johann Franz Ecker von Kapfing doch noch zu einer teilweisen barocken Umgestaltung des Domes, allerdings ohne Veränderung der Bausubstanz. Der Fürstbischof holte sich als Berater eine ganze Reihe bekannter Architekten, wie Johann Gunetzrhainer und Gabriel de Gabrieli, an seinen Hof. Aber schließlich bekamen die Brüder Asam — aufgrund ihrer Entwürfe — 1723 den Auftrag. Während Cosmas Damian in Innsbruck noch an den Fresken über Leben und Legende des heiligen Jakobus malte, begann man im April 1723 unter der Regie von Egid Quirin mit den nötigen Umbauten des Freisinger Mariendoms. Und kaum hatte sein Bruder Anfang August in Innsbruck den Pinsel weggelegt, nahm er ihn in Freising bereits wieder zur Hand, um noch fristgerecht bis zu den Jubiläumsfeiern fertig zu werden. Einer alten Kirche ein neues Kleid auf den Leib zu schneidern, ist immer schwieriger als einen Neubau zu dekorieren. In Freising fanden die Brüder Asam allerdings recht günstige Voraussetzungen vor, denn das sehr hohe und breite Langhaus entsprach barocken Raumvorstellungen. Die Asams sind auch mit schwierigeren Bedingungen fertig geworden, wie die Barockisierung der St.-Emmeram-Kirche in Regensburg in den Jahren 1731/33 beweist. Dort mußten sie sich allerdings im wesentlichen auf das Mittelschiff beschränken, weil alle weiteren Bemühungen keinen sonder-

Egid Quirin, Kreuz mit Schmerzensmutter im Freisinger Dom (1724)

INRI

lichen Erfolg versprachen. In Freising dagegen, wo die durchgehenden Emporen über den beiden Seitenschiffen und der hohe Chor zusätzliche Dekorationseffekte ermöglichten, schufen sie eine Lösung wie aus einem Guß, die dem uralten Raum keine Gewalt antat, sondern ihn nur akzentuierte und ins Barock-Theatralische überhöhte. Auch die verbliebenen Teile der alten Innenausstattung, wie der mächtige Hochaltar von 1625, davor das gotische Chorgestühl von 1488 und die Kanzel von 1624, reihen sich harmonisch in das Gesamtbild ein. Als Gegenstück zur Kanzel fügte Egid Quirin auf der linken Langhausseite noch ein großes Wandkreuz, mit der Schmerzensmutter darunter, hinzu. Die Arkadenöffnungen zu den Seitenemporen wurden durch sparsamen Stuckdekor und kleine Wandfresken mit Szenen aus dem Leben des heiligen Korbinian an den Brüstungen geschmückt. Die lichterfüllten Emporen mit dem blühenden Stuck verbreitern optisch das Langhaus und bieten reizvolle Durchblicke. Über den Arkadenöffnungen hält ein hohes Stuckgesims den Raum zusammen, und darüber spannt sich das stark gegliederte Gewölbe (Tonne mit Stichkappen und darunter birnenförmige Fenster) mit den Freskenfeldern, den hellen Gurtbögen und den gold-ockernen Brokatflächen. Der überwiegend grau-rosa gefärbte Stuck wirkt nicht überladen, sondern locker und abwechslungsreich. Der krönende Abschluß der Gesamtkomposition sind die sechs Gewölbefresken des Cosmas Damian Asam, von denen das größte im Langhaus die Aufnahme des heiligen Korbinian in den Himmel darstellt, empfangen von den beiden anderen Bistumspatronen Sigismund und Nonnosus und verherrlicht durch die Heilige Dreifaltigkeit. Auf dem Fresko «Der Stufenweg zu Gott» hat Asam auch die Wappen aller bis zur Jahrtausendfeier amtierenden Freisinger Bischöfe abgebildet. Über dem stark erhöhten Chor (darunter die romanische Domkrypta) erweiterte der Künstler die Kirche nach oben durch eine gemalte Scheinkuppel an jener Stelle, wo sich in vielen barocken Kirchen die Vierungskuppel befindet. Es ist eine Raumvision voll Kühnheit und Kraft! Zwischen zwei gemalten Säulen blickt Maria mit dem Christuskind auf die Dombesucher herab.

Cosmas Damian Scheinkuppel mit der Mutter Gottes und dem Jesukind im Freisinger Dom (1723/24)

ANNO A PART[U]
VIRGINIS
MDCCXX

Wie mit den Benediktinern, so fühlten sich die Asambrüder auch mit den Zisterziensern eng verbunden. Schon ihr Vater hatte im Kloster Fürstenfeld (Fürstenfeldbruck) Fresken gemalt, die jedoch später zum größten Teil zerstört wurden. Und nachher trat dann einer ihrer Brüder als Zisterziensermönch in Fürstenfeld ein. Die Beziehungen zu diesem Kloster waren so eng, daß der Abt von Fürstenfeld 1730 eigens nach Thalkirchen bei München kam, um die von Cosmas Damian erbaute Hauskapelle einzuweihen. Leider wurde diese Kapelle im 19. Jahrhundert abgerissen. Erhalten hat sich aber das »Asamschlößl«, ein Haus, das Cosmas Damian um 1724 erworben, seinen Bedürfnissen entsprechend ausgebaut und mit Fassadenmalereien versehen hat. Er nannte seinen Besitz Maria Einsiedeln, zur Erinnerung an seine Tätigkeit in der dortigen Wallfahrtskirche. Damals, als die Maria-Einsiedel-Kapelle geweiht wurde, begann Cosmas Damian gerade das Langhausgewölbe der Fürstenfelder Klosterkirche zu freskieren. Schon 1722/23 hatte er dort die Deckenbilder im Chor gemalt. Der Kirchenbau zog sich so lange hin, daß er erst sieben Jahre später seine Arbeit fortsetzen konnte. Es wird zwar behauptet, Egid Quirin habe als Stukkateur auch im Langhaus von Fürstenfeld gearbeitet, doch der maßgebliche Mann für die Gesamtdekoration des Gewölbes war er wohl kaum. Er hätte bestimmt für seinen Bruder günstigere Malfelder eingeplant, als dieser sie dort vorfand. Noch dazu hatte er einen umfangreichen Themenkatalog zu bewältigen, nämlich das Leben des großen Zisterzienserheiligen Bernhard von Clairvaux und seine mystischen Schauungen. Das beherrschende Bild der gesamten Deckenzone ist das Fresko vor dem Chor, das mehrere Szenen in einem Bild vereinigt und durch eine gemalte Scheinkuppel mit der Darstellung des Pfingstgeschehens eine – nicht vorhandene – Vierungskuppel andeutet. Weitere Themen dieses Hauptfreskos sind die mystischen Beziehungen des heiligen Bernhard zum Christuskind, zu Maria und zum Gekreuzigten, und seine Ergänzung der Hymne »Salve Regina« – also etwas viel auch für Cosmas Damian, der trotz aller Schönheiten im Detail mit diesem Bild wohl nicht glücklich gewesen sein dürfte.

Cosmas Damian »St. Bernhard bekehrt den Herzog von Aquitanien« im Deckenbild der Klosterkirche Fürstenfeld (um 1730)

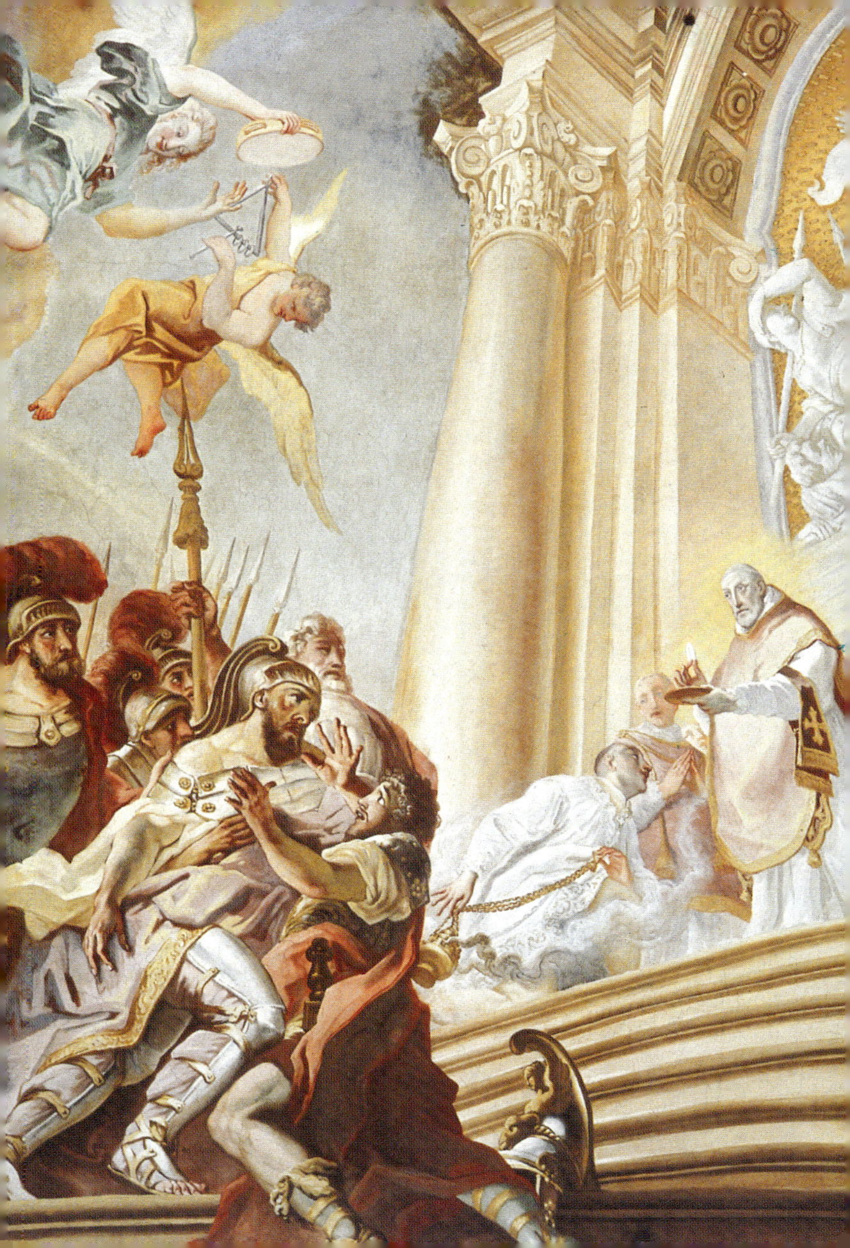

Auch nach der so geglückten Barockisierung des Freisinger Doms haben die Brüder Asam noch eine ganze Reihe gemeinsamer Kirchenausstattungen geschaffen. Allein in München waren es – von ihrer »hauseigenen« Kirche St. Johannes Nepomuk abgesehen – gleich deren drei, nämlich 1726/27 für die Heilig-Geist-Spitalkirche, ab 1729 für die St.-Anna-Klosterkirche im Lehel und 1733/35 für die Damenstiftskirche St. Anna. Leider haben diese drei Kirchen im letzten Krieg schwere Bombenschäden erlitten und mußten mühsam ganz oder wenigstens teilweise rekonstruiert werden. Unversehrt erhalten blieb dagegen eines ihrer schönsten Spätwerke, die Damenstiftskirche in Osterhofen-Altenmarkt an der Donau, deren ganze Pracht jetzt nach der jahrelangen Restaurierung wieder besonders eindrucksvoll zur Geltung kommt. Es ist eine der bedeutendsten Leistungen der Gebrüder Asam, ermöglicht erst durch die kongeniale Meisterschaft des aus Burglengenfeld stammenden Münchner Architekten Johann Michael Fischer, der 1727/28 den Rohbau errichtete. Mit ihm arbeiteten die Asams fast gleichzeitig in der Münchner St.-Anna-Kirche im Lehel zusammen. Obwohl dort ein Neubau ohne Rücksicht auf frühere Bauten erfolgen konnte, vielleicht auch der Bauplan »moderner« war, in Osterhofen dagegen der gotische Chor und die Stümpfe der romanischen Türme durch ein ziemlich langes Kirchenschiff miteinander verbunden werden mußten, macht die Kirche in Osterhofen den nachhaltigeren Eindruck. Das mag zum Teil daran liegen, daß in der Münchner Kirche während des 19. Jahrhunderts viel verändert wurde und daß seit dem letzten Krieg noch immer nicht alle Details wiederhergestellt sind. Aber der wichtigste Grund ist wohl die in Osterhofen besonders gut gelungene Einheit von Bau und Ausstattung und die Fülle origineller Dekorationsideen, vom Stuck und den Altären bis zu den Fresken. Eigentlich wollten die Prämonstratensermönche von Osterhofen nach dem großen Brandunglück von 1701 und dem Gewölbeeinsturz von 1726 gar keine neue Kirche bauen. Sie hatten mit dem Klosterbau schon genug zu tun. Aber Fischer rechnete ihnen vor, daß ein Neubau billiger kam als eine Wiederherstellung. Aus finanziellen Gründen mußte sich Fischer

Cosmas Damian und Egid Quirin Innenausstattung der Klosterkirche Osterhofen-Altenmarkt (1731–1735)

GLORIA IN EXCELSIS DEO PAX HOMINIBUS

in seinen Planungen stark einschränken, doch das hat der Kirche sogar gutgetan, weil er deshalb jede Einzelheit im Hinblick auf die Gesamtwirkung um so genauer überlegte. Der Kirchenbau hat trotz aller Einschränkungen die ohnehin geringe Finanzkraft des Prämonstratenserstifts derart geschwächt, daß die Mönche schließlich aufgeben mußten und ihr Kloster 1783 in eine Filiale des Münchner Damenstifts St. Anna umgewandelt wurde. Die Stiftskirche ist von außen ein schlichter Bau, überrascht aber dafür um so mehr im Inneren. Johann Michael Fischer hat mit vergleichsweise sparsamen, aber sehr wirkungsvollen Mitteln eine großartige Raumauflösung erreicht, vor allem durch die längsovalen Seitenkapellen mit Emporen darüber, deren Brüstungen in das Langhaus hineinschwingen. Die Asams haben seine Raumvorstellungen mit viel Phantasie und Einfühlungsvermögen noch zusätzlich ausgestaltet: durch den reichen Schmuck der Seitenkapellen, durch ein elegantes Oratorium unter der Orgelempore, durch die beiden schräggestellten vorderen Seitenaltäre mit einer verschwenderischen Fülle der bildnerischen Einzelheiten, durch die ganz neuartige Gestaltung der mittleren Seitenaltäre unter Einbeziehung der Fenster. Das alles aber wird noch übertroffen vom Hochaltar! Der freistehende Altartisch mit dem prunkvollen Tabernakelaufbau wird flankiert von vier hohen, gewundenen Säulen, auf deren Gesims sich ein von Putten und den Symbolen der vier Evangelisten gebildeter Baldachin über den Altar spannt, auf dem das Lamm Gottes inmitten der Lichtfülle eines großen Rundfensters steht. Neben dem Hochaltar knien die Stifterfiguren aus Stuck. Das Kirchengewölbe wird beherrscht von dem riesigen Hauptfresko, einer der besten Leistungen des Cosmas Damian Asam, auf dem fünf Begebenheiten aus dem Leben des heiligen Norbert, des Gründers der Prämonstratenser, geschildert werden. Die übrigen Fresken zeigen Szenen aus dem Leben Jesu. Im unansehnlichsten Raum der Kirche, einem dunklen Gelaß unter der Orgelempore, hat sich Cosmas Damian Asam auf einem kleinen Deckenbild selbst als der biblische Zöllner dargestellt, der reumütig an seine Brust klopft. Neben diesem Selbstporträt hat er mit vollem Namen signiert (Seite 9).

Egid Quirin. Mutter Anna mit Maria und St. Joachim an einem Seitenaltar der Klosterkirche Osterhofen-Altenmarkt (um 1733)

CORPUS
S. VINCENTII
MARTYRIS

Oberflächlich betrachtet, scheint das Freskenwerk des Cosmas Damian Asam in seinen letzten Lebensjahren an Umfang abgenommen zu haben. Aber dieser Eindruck täuscht! Er war bis zuletzt unermüdlich tätig. Drei Faktoren jedoch lassen es als geringer erscheinen als in der Anfangszeit. Der eine ist die Tatsache, daß sich viele Aufträge der zwanziger Jahre in das nächste Jahrzehnt hinein erstreckten. Der zweite ist in der Unvernunft des 19. Jahrhunderts begründet, als eine ganze Reihe von Asamfresken zerstört oder übermalt wurden: Die Deckenbilder für die Regensburger Augustinerkirche zum Beispiel gingen durch den Abbruch der Kirche verloren, die Fresken für den Bibliothekssaal der Benediktinerabtei St. Emmeram in Regensburg von 1737 wurden erst neuerdings wiederentdeckt, und umfangreiche Malereien in der Wallfahrtskirche Herrgottsruh bei Friedberg von 1738 waren bis zur letzten Restaurierung nur teilweise bekannt. Schließlich hat Asam in diesen Jahren eine ganze Reihe von Aufträgen außerhalb Bayerns ausgeführt, die bei uns nicht so in das allgemeine Bewußtsein gedrungen sind, beispielsweise 1732 die Lebensgeschichte des heiligen Johannes Nepomuk auf den Wand- und Deckengemälden der Schloßkapelle in Ettlingen, 1735/36 Fresken mit dem gleichen Thema in Meßkirch, 1734 das Deckenbild im Innsbrucker Landhaussaal und vor allem 1733 die Ausmalung der Wallfahrtskirche Wahlstatt bei Liegnitz in Schlesien. Eines seiner besten und größten, auf jeden Fall aber das kühnste seiner Deckenbilder ist erst 1734 entstanden, und zwar für die Kongregationskirche Maria de Victoria in Ingolstadt. Der 40 mal 15 Meter große, nur zehn Meter hohe Saal gab dem Maler besonders schwierige perspektivische Probleme zu lösen auf. Asam meisterte sie auf einzigartige Weise: Er verwandelte die Decke in einen schier unendlichen Raum, perspektivisch bezogen auf einen einheitlichen Standort. Das ihm gestellte Thema hieß »Maria als Vermittlerin der göttlichen Gnade«. Er machte es bildlich sichtbar, indem er einen Lichtstrahl von Gottvater zu Christus und weiter zu Maria malte, die ihn an die vier Erdteile – dargestellt jeweils durch historische und symbolische Szenen von großer Lebendigkeit und Leuchtkraft – weitergibt.

Cosmas Damian Allegorie »Afrika« im Deckenfresko der Kirche Maria de Victoria in Ingolstadt (1736)

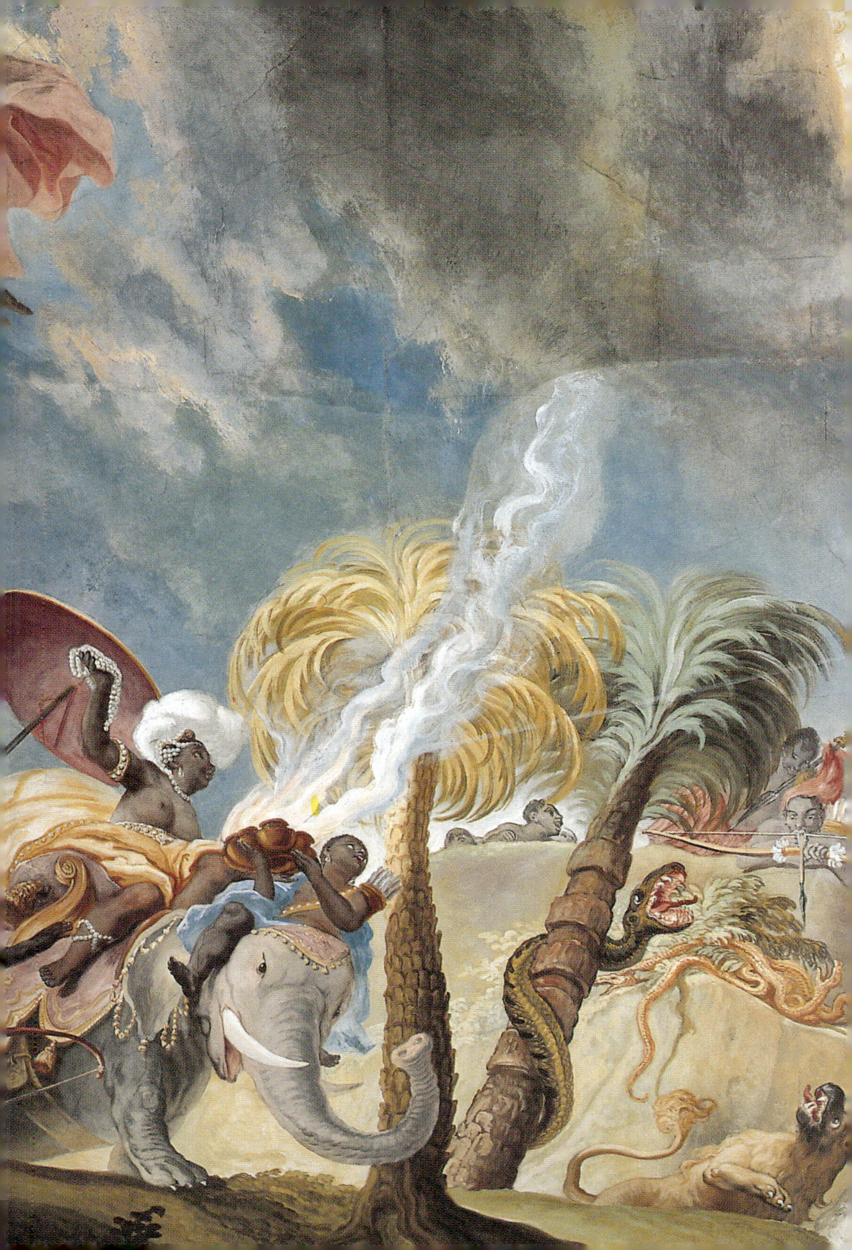

Man spricht von Egid Quirin Asam gern als dem »Bildhauer«, obwohl er es im strengeren Sinne gar nicht war, sondern ein Stuckplastiker. Gewiß, er hatte bei einem Bildhauer gelernt, und was er mit Stemmeisen und Schnitzmesser zu leisten imstande war, bewies er wiederholt und vor allem mit seinen überlebensgroßen Holzfiguren der vier Kirchenväter für den Hochaltar der Münchner St.-Peter-Pfarrkirche (vollendet 1733). Aber sein bevorzugtes Material war stets der Stuck, aus dem auch seine größten Figuren gefertigt sind. Für seine zahlreichen Altarbauten verwendete er ebenfalls meistens Stuck, weil sich damit ganz besondere Effekte erzielen ließen. Als Altarbauer hat übrigens Egid Quirin wohl seine größten Leistungen vollbracht. Im Laufe der Jahre schuf er Dutzende von Altären, und trotz einiger Grundgestaltungsformen gleicht davon nur selten einer dem anderen. Die szenischen, ja theatralischen Figurengruppen von Weltenburg und Rohr hat er mit der gleichen Konsequenz nicht mehr wiederholt. Aber es gab auch sonst für ihn noch eine Fülle von Möglichkeiten, aus dem strengen Schema der barocken Altarbaukunst auszubrechen. Geradezu eine Mustersammlung ist dafür die Damenstiftskirche in Osterhofen-Altenmarkt. Seine Schöpfungen reichen vom schlichten Wandnischenaltar bis zum prunkvollen, baldachingekrönten Säulenaufbau, von bewegten Gruppen, wie beispielsweise seinem letzten großen Altarwerk für die Kirche in Sandizell bei Schrobenhausen von 1747, bis zu dem eher römisch-kühlen Altardreieck der Sakramentskapelle in der Südapsis des Freisinger Doms. Der Aufbau dieses Altars beginnt von unten, bis hinauf zur Tabernakelbekrönung, mit ziemlich glatten Flächen aus Marmor und Stuck. Darüber stehen in drei reich ornamentierten Nischen – von denen sich nur die mittlere über der Altarmensa befindet, die beiden anderen sich links und rechts schräg anschließen – die großen weißen Stuckfiguren der »drei Johannes«: der Täufer, der Evangelist und der Märtyrer Nepomuk. Erst darüber breitet Egid Quirin den ganzen ihm zu Gebote stehenden Reichtum barocker Schmuckformen aus und lenkt dadurch den Blick nach oben in die von einer kleinen Laterne durchbrochene Apsiswölbung, die sein Bruder freskiert hat.

Egid Quirin, Johannes von Nepomuk im Drei-Johannes-Altar des Freisinger Doms (1738)

Tacitus et sensatus honorabitur

Horret sigillum frangere

Als sich Cosmas Damian Asam im Jahre 1729 neben seinem Haus in Thalkirchen eine Kapelle baute, da entschloß sich sein Bruder Egid Quirin, es ihm gleichzutun. Zwischen 1729 und 1733 kaufte er daraufhin an der Sendlinger Straße in München vier aneinandergrenzende Häuser. Die beiden schmalen linken Häuser fügte er zu seinem künftigen Wohnhaus zusammen und schmückte dessen Fassade mit allegorischen Stuckreliefs. Das Haus rechts daneben ließ er abbrechen, um dort Platz für die geplante Kirche zu gewinnen. Das äußerste rechte Haus verkaufte er an die Priesterhausstiftung, die er testamentarisch zu seinem Universalerben bestimmte und die später »seine« Kirche betreuen sollte. Als er glaubte, alles gut organisiert zu haben, reichte Egid Quirin Asam 1731 das Baugesuch für die Kirche ein. Doch er mußte noch zwei Jahre lang warten und verhandeln, bis er die Baugenehmigung erhielt. Zuerst konnten sich nämlich die Bewohner der Sendlinger Straße nicht mit dem Plan der »Privatkirche« eines Künstlers anfreunden und wollten lieber selber als Bauherren auftreten. Erst als dafür nicht genügend Geld beschafft werden konnte, ließ man Asam freie Hand. Nun ging alles sehr rasch vor sich: Am 16. Mai 1733 erfolgte die Grundsteinlegung, und schon am 24. Dezember 1734 wurde die Kirche benediziert. Dann allerdings stockten aus Zeit- und Geldmangel die weiteren Arbeiten. Die Innenausstattung zog sich eineinhalb Jahrzehnte hin und war noch immer nicht ganz abgeschlossen, als Egid Quirin Asam am 29. April 1750 in Mannheim starb. Als Kirchenpatron hatte er den erst 1729 heiliggesprochenen und fast gleichzeitig zum Patron Bayerns erklärten böhmischen Märtyrer Johannes Nepomuk gewählt. Auf diesen Heiligen weist bereits die Straßenfront der nur neun Meter breiten, aber gut 28 Meter langen Kirche nachdrücklich hin. Diese schwingt leicht gebogen in die Straße hinein. Über dem Säulenvorbau des Kirchenportals – mit Felsblöcken zu beiden Seiten – wölbt sich ein Gesims, auf dem man inmitten von Engeln den heiligen Johannes Nepomuk als große, vollplastische Stuckfigur sich zum Himmel erheben sieht. Über dem großen Emporenfenster schließt die um ein kleineres Fenster komponierte Giebeldekoration die Fassade nach oben ab.

Egid Quirin und Cosmas Damian Asamhaus und Asamkirche in München (1733–1746)

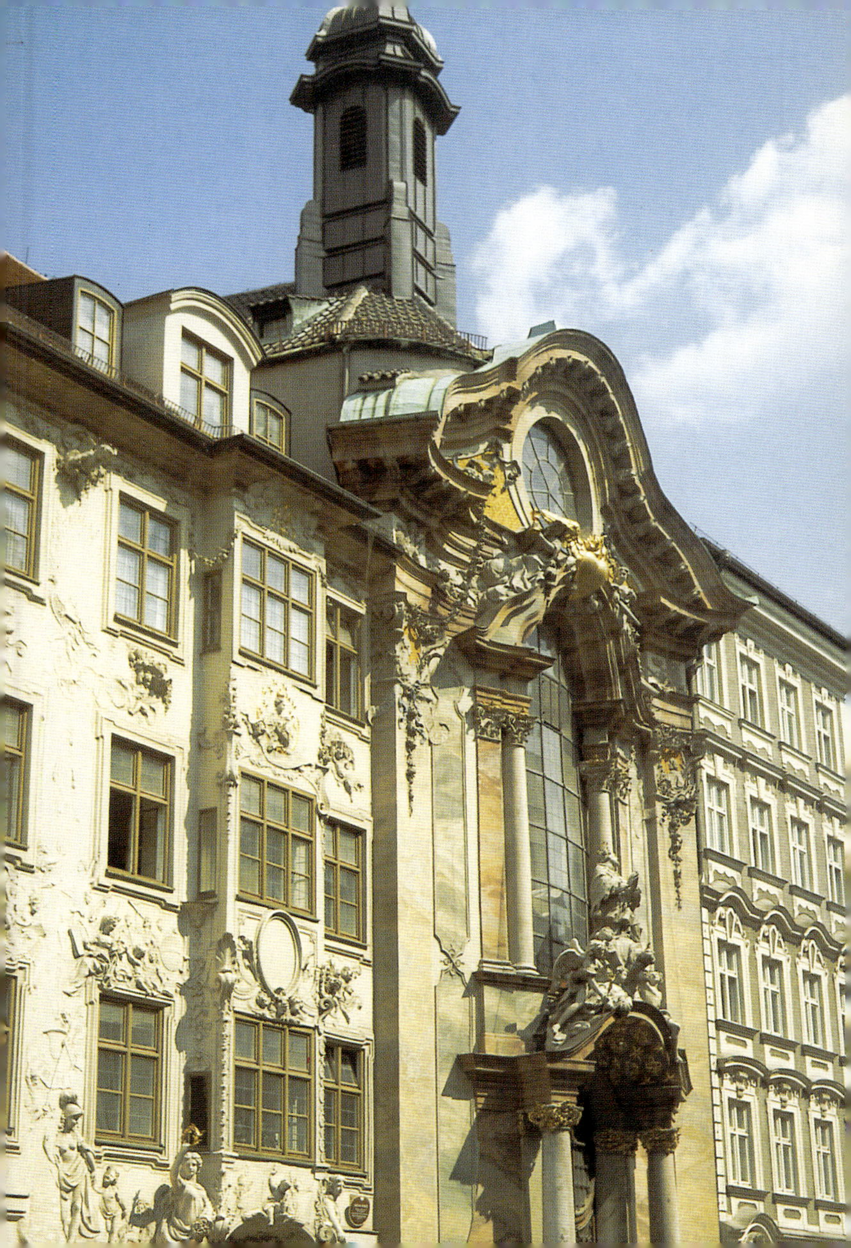

Wer das Innere der Münchner Johann-Nepomuk-Kirche betritt, gelangt zuerst in einen niedrigen, querovalen Vorraum. Gerade aus dieser Enge heraus wird er um so mehr gefesselt von dem langgestreckten und hochgereckten Hauptraum, der einem auf den ersten Blick vorkommt wie eine tiefe, verschwenderisch ausgeschmückte und vielfach gegliederte Schlucht, geöffnet in die schier unendlich ferne, himmelssymbolische Weite. Man glaubt, in einem plastischen Gebilde zu stehen, das in einen größeren Raum hineingezwängt ist. Erinnerungen an die Abteikirche in Weltenburg werden wach, wo die indirekte Beleuchtung ähnlich geheimnisvoll wirkt und wo ebenfalls das hohlkehlenartig gewölbte, nach oben zu offene Wandgesims den Blick auf die freskierte Decke freigibt. Dort hat 1735 Cosmas Damian Asam im Deckenbild Szenen aus dem Leben des Kirchenpatrons dargestellt. An den Kirchenwänden mildert eine rundum laufende Galerie den Höhenschwung. Und die Überlänge des Raumes wird optisch verkürzt durch zwei schräggestellte Seitenaltäre vor dem Queroval des Chores. Der Hochaltar ist eine »dreigeschossige« Anlage, von der leider nur der oberste Teil seit der Erbauungszeit unverändert geblieben ist. Es handelt sich um einen sogenannten »Gnadenstuhl« hoch oben am Gesims: In einer großen, vollplastischen Gruppe hält Gottvater seinen Sohn am Kreuz gleichsam den Kirchenbesuchern entgegen, und darüber schwebt der Heilige Geist in Gestalt einer Taube. Die unterste Altarzone bestand ursprünglich nur aus der Mensa mit dem Tabernakel und dem Reliquienschrein, dahinter am Chorhaupt ein halb aufgezogener Stuckvorhang. Im Jahre 1783 wurde dieser Stuckdraperie ein großer Altaraufbau aus feuervergoldetem Silber »vorgeblendet«. Das Mittelgeschoß zwischen Altar und Gnadenstuhl bildet eine von Säulen begrenzte Galerie, deren ursprüngliche künstlerische Ausstattung nicht mehr vorhanden ist und um deren endgültige Ausgestaltung seit der sorgfältigen Kirchenrestaurierung durch Professor Erwin Schleich in den Jahren 1975 bis 1977 immer noch gerungen wird. Vor allem die Frage, ob sich an der Westwand des Chores hinter der Galerie ein Fenster befand, hat in den letzten Jahren die Gemüter sehr stark und nachhaltig bewegt.

Egid Quirin und Cosmas Damian, Aufblick zu Altar, Empore und Deckenbild der Asamkirche in München (um 1735)

Seiten 44 u. 45: Egid Quirin, Karl Borromäus und Ignatius von L. am Hochaltar der Ursulinenkirche in Straubing (um 1739)

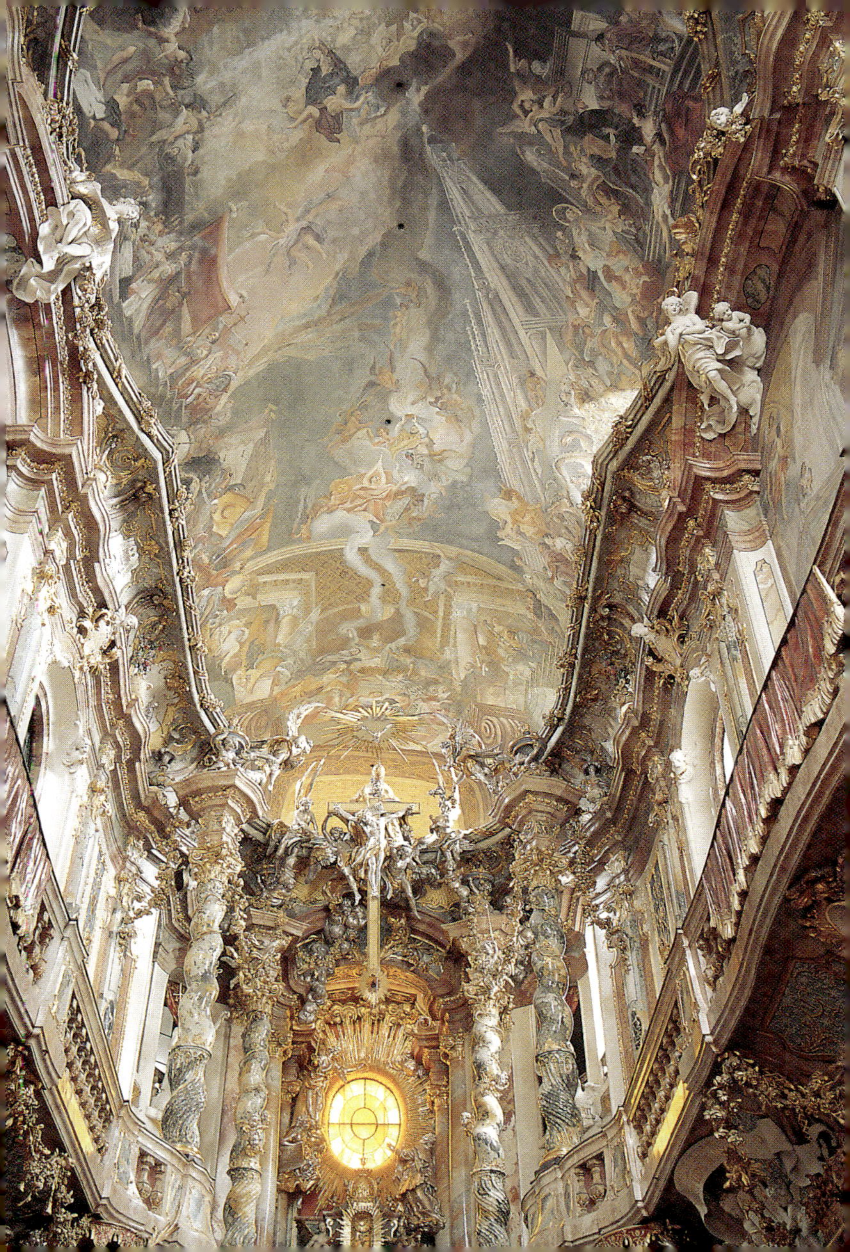

Ein Kirchenbau in Straubing vereinte in den späten dreißiger Jahren nochmals die Asambrüder zu gemeinsamer Arbeit. Die treibende Kraft war dabei wieder Egid Quirin, der jüngere und gesündere der beiden Brüder. An ihn trat im Jahre 1734 das Ursulinenkloster in Straubing mit der Bitte heran, Planung und Ausstattung der dringend notwendigen Klosterkirche zu übernehmen. Dieses Kloster war erst 1691 auf Wunsch des bayerischen Kurfürsten Max Emanuel als Filiale der Landshuter Ursulinen gegründet worden. Die Verbindung zu den Asams stellte wohl die 1732 zur Superiorin gewählte Münchner Bürgermeisterstochter Maria Magdalena von Empach her, nachdem die beiden Brüder schon vorher wiederholt in Straubing gearbeitet hatten. Über die Baugeschichte der Kirche wissen wir aus mehreren Briefen der Asambrüder an die Oberin Maria Magdalena ziemlich gut Bescheid. Die Grundsteinlegung erfolgte am 10. Juli 1736, der Rohbau entstand bis Ende 1737 nach den Plänen von Egid Quirin Asam, der dann auch die Stuckierungsarbeiten leitete und in den schwierigeren Teilen selbst ausführte. Im Jahre 1738 stieg sein Bruder Cosmas Damian auf das Gerüst, um in den Deckengemälden das Leben, das Martyrium und die himmlische Verklärung der heiligen Ursula darzustellen. Es war sein letztes größeres Werk, denn er starb am 10. Mai 1739 in München noch vor der Fertigstellung des Hochaltarbildes, das dann sein Bruder zu Ende geführt hat. Hinter der an die Münchner Johann-Nepomuk-Kirche erinnernden, aber schlichteren Fassade der Kirche schuf Egid Quirin einen intimen Zentralraum aus einem Guß. Er setzt sich aus den drei ineinander verlaufenden Ellipsen der Vorhalle, des Hauptraumes und des Chores zusammen, wobei durch die Nischen der beiden Nebenaltäre an den Seitenwänden ein kreuzförmiger Grundriß entsteht. Unter den Kirchenschöpfungen der Brüder Asam ist diese in Straubing sicherlich nicht die spektakulärste, aber wohl die harmonischste. Alles ist aufeinander abgestimmt: vom prunkvoll aufragenden Hochaltar bis zum schwungvoll freskierten Deckengewölbe.

Wenn sich auch die beiden Brüder Cosmas Damian und Egid Quirin Asam mit besonders leuchtenden Buchstaben an den barocken bayerischen Kunsthimmel geschrieben haben, so waren sie doch nur die strahlendsten Punkte eines ganzen Sternbildes, das man wohl am besten das »Asamsche Familienwerk« nennt. Vom Vater Georg Asam war bereits einleitend die Rede, und ebenso davon, daß seine Frau Maria Theresia sich in Benediktbeuern als Faßmalerin betätigte. Weniger bekannt ist, daß auch eine Schwester der Brüder Asam, Maria Salome Bornschlögl, kunsthandwerklich tätig war. Sie wird in den Bauakten der Abtei Weltenburg ausdrücklich mit Faß- und Vergoldungsarbeiten erwähnt. Ob auch die erste Frau des Cosmas Damian, Maria Anna, als Faßmalerin mitgearbeitet hat, konnte bisher nicht endgültig geklärt werden. Sie stammte ebenfalls aus einer Künstlerfamilie, und ihr Bruder, der Kupferstecher Franz Joseph Mörl, hat mit seinen Stichen nach Fresken und Altarbildern des Schwagers eifrig zur Verbreitung des Asamschen Familienruhms beigetragen. – Egid Quirin Asam blieb unverheiratet. Von den Kindern seines Bruders Cosmas Damian wählte der einzige am Leben gebliebene, 1720 geborene Sohn Franz Erasmus den Künstlerberuf. Er scheint zwar ein talentierter Maler gewesen zu sein, war aber zu lebenslustig und bequem, um überdurchschnittliche Leistungen zu erzielen. Zeitgenössische Quellen berichteten von dem 1747 zum kurfürstlich bayerischen Kammerdiener ernannten Asam-Sohn, seine Ansprüche seien viel größer gewesen als sein Können und er habe sich »dem Müßiggang und dem Trunk ergeben«. Viele Werke sind von ihm nicht bekannt, immerhin aber einige Altarbilder, beispielsweise in Osterhofen, in der Münchner Asamkirche und in Oberzell bei Würzburg. Er dürfte vor allem mehrere Werke seines frühverstorbenen Vaters fertiggestellt haben. So schreibt man ihm die Vollendung des Apsisfreskos hinter dem Hochaltar von Weltenburg zu, und dort hat er auch für die Decke der Vorhalle ein Ölgemälde mit der Darstellung des Jüngsten Gerichts (1745) beigesteuert. Franz Erasmus Asam starb am 10. September 1795 im württembergischen Zisterzienserkloster Schöntal, angeblich während der Arbeit an einem Altarbild.

Franz Erasmus, »Jüngstes Gericht« im Deckenbild der Vorhalle der Klosterkirche Weltenburg (1745)

Auch an der Familie Asam hat sich die alte Erfahrung bewahrheitet, daß ein künstlerisches Talent in die dritte Generation meistens nicht mehr oder nur noch unzulänglich weitervererbt wird. Bei Franz Erasmus Asam mag in seiner Persönlichkeitsentwicklung die Erkenntnis mitgespielt haben, daß es ihm nicht möglich war, es dem Vater gleichzutun. Jedenfalls scheint er recht gut gelebt und sich gesundheitlich nicht so verausgabt zu haben wie Vater und Onkel, die nur 53 und 58 Jahre alt wurden, während es auf etwa 75 Jahre brachte. Das künstlerische Erbe der Asams übernahmen ihre Schüler und entwickelten es im Sinne des Rokoko weiter. Von Egid Quirin Asam sind keine namhaften Schüler bekannt. Er arbeitete nur wenig als Bildhauer, und für seine Stuckdekorationen brauchte er als Lehrlinge und Gehilfen nur Kunsthandwerker. Dafür war seine allgemein stilbildende Wirkung um so größer. Im Atelier des Cosmas Damian Asam lernten später so bedeutende Künstler wie Joseph Gregor Winck sowie die Brüder Felix Anton und Thomas Christoph Scheffler, vor allem aber der große Matthäus Günther. Seine Lehrzeit dauerte von 1723 bis 1728, anschließend war er noch bis 1731 als Gehilfe bei Asam tätig. Noch viel stärker und weitreichender als die unmittelbare Werkstatt-Abhängigkeit einzelner Künstler war der indirekte Einfluß der Gebrüder Asam auf die nächste Künstlergeneration. Man betrachtete sie noch lange nach ihrem Tod als Vorbild und Ideenlieferanten, auch wenn der Stil sich allmählich im Sinne des späten Rokokos zu wandeln begann. Viele Fragen gilt es in diesem Zusammenhang noch zu klären. Der Prüfeninger Maler Otto Gebhard zum Beispiel hat zwar in der Werkstatt seines Vaters Johann Gebhard gelernt, doch nach der Überlieferung und seinem späteren Freskostil zufolge muß er längere Zeit im Umkreis von Cosmas Damian Asam gearbeitet haben, auch wenn das bisher archivalisch noch nicht nachgewiesen werden konnte. Über eine Schülerschaft im engeren Sinne hinaus hat also eine ganze Generation bayerischer Rokoko-Künstler von den Asams gelernt, eine Generation, die dann freilich im kühlen Wind des Kunstpuritanismus der Aufklärungszeit noch mithelfen mußte, dem Rokoko das Grab zu schaufeln.

IV. Umschlagseite: Cosmas Damian Selbstporträt an der Gewölbebrüstung der Klosterkirche Weltenburg (um 1721)